HÖRE AUF DEIN HERZ

Höre auf dein Herz

365 Ermutigungen für Frauen

benno

Zusammengestellt und herausgegeben
von Ingrid Dlugos

Bibliografische Information der Deutschen Nationalbibliothek
Die Deutsche Nationalbibliothek verzeichnet diese Publikation
in der Deutschen Nationalbibliografie;
detaillierte bibliografische Daten sind im Internet
über http://dnb.d-nb.de abrufbar.

ISBN 978-3-7462-3120-4

Einband und Layout: Ulrike Vetter, Leipzig
Umschlagmotiv: © Apollofoto/shutterstock
Gesamtherstellung: Arnold & Domnick, Leipzig (I)

VORWORT

Achte auf deine Gedanken:
sie sind der Anfang deiner Taten.

Dieses chinesische Sprichwort bringt es auf den Punkt. Und was könnte ein besserer Maßstab für unsere Gedanken sein als unser Herz?

In einer Welt, die materielle Dinge und oberflächliche, falsch verstandene Freude zum Lebenssinn erklärt, müssen wir wieder lernen, die Wichtigkeiten des Lebens und den einfühlsamen Umgang miteinander neu zu entdecken.

Die hier zusammengetragenen Gedanken und Empfindungen aus dem reichen Erfahrungsschatz von Frauen aus verschiedenen Jahrhunderten wollen uns sensibel für uns und unsere Mitmenschen machen, um bewusst den Tag mit all seinen Schwierigkeiten und Freuden zu leben und zu erleben.

Für das, was wir tun, sind wir als freie Menschen selbst verantwortlich. Deshalb ist es wichtig, dass wir täglich einen Moment Ruhe finden, um uns zu besinnen, um uns von guten Gedanken inspirieren zu lassen, damit unser Herz sich öffnet für uns und unsere Mitmenschen. Nur wenn ich mich selbst annehmen und mich auch an kleinen Dingen des Alltags erfreuen kann - wenn ich also glücklich bin, kann ich zum Segen für meine Umgebung werden. Offen sein für das, was um mich herum passiert, und vieles mit Humor und Lachen ertragen, das ist ein gutes Mittel gegen die erstickende Luft des Alltags und gegen die Vergiftung von Herz und Geist.

Die vorliegenden Sprüche und Weisheiten sind Worte voller Leben und Lebenserfahrung. Sie machen Mut und regen zum Nachdenken an. Worte können so viel bewegen und sie können uns Kraft geben, den Alltag zu bewältigen, unser Bewusstsein schärfen und uns zu innerer Gelassenheit führen. Wer die Welt verändern will, muss zuerst bei sich anfangen, und dabei ist es hilfreich, die Lebenserfahrungen anderer in den Blick zu nehmen. Liebe, Weisheit und Güte sind dabei die besten Berater.

Die Gedanken, die in diesem Buch gesammelt sind, öffnen unsere Augen für den Wert unseres

Menschseins, denn die wesentlichen Dinge des Lebens gibt es umsonst. Wie kostbar und unbezahlbar sind Freundschaft, Zuneigung, ein harmonisches Zuhause, ein liebevoller Blick, verständnisvolles Zuhören, eine freundliche Geste. Mögen Ihnen die Worte des Tages ein fröhliches Herz auf dem Weg durch das Leben schenken.

1

JANUAR

Was wir heute tun,
entscheidet darüber,
wie die Welt
morgen aussieht.

Marie von Ebner-Eschenbach

2

JANUAR

Auf dieser Welt
lebt keiner vergebens,
der die Bürde eines anderen
leichter zu machen versucht.

Helen Keller

3

JANUAR

Wie herrlich ist es,
dass niemand eine Minute
zu warten braucht,
um damit zu beginnen,
die Welt langsam zu ändern.

Anne Frank

4

JANUAR

Man kann nur
zu einer eigenen
Meinung gelangen,
wenn man offen sein kann
und sich auch irren darf.

Maxie Wander

5

JANUAR

Es gibt kein Glück,
das der inneren Stille
gleichkäme.

Simone Weil

6
JANUAR

Man soll nie
etwas tun, das man nicht
vor jedermann tun könnte.

Teresa von Ávila

7

JANUAR

Nur wer sich selbst
als Person, als sinnvolles
Ganzes erlebt, kann andere
Personen verstehen.

Edith Stein

8

JANUAR

Liebe ist eine
zu allen Zeiten reife Frucht
und in der Reichweite
jeder Hand.

Mutter Teresa

9

JANUAR

Dieser Tag ist der erste Tag
von der verbleibenden Zeit
deines Lebens.

Coretta King

Das Grämen vor der Zeit
halte ich für ein
sehr unnützes Geschäft.

Catharina Elisabeth Goethe

11

JANUAR

Überlege *einmal*,
bevor du gibst,
zweimal,
bevor du annimmst,
und *tausendmal*,
bevor du verlangst.

Marie von Ebner-Eschenbach

12

JANUAR

Nicht im Stich lassen,
sich nicht und andere nicht,
das ist die Mindestutopie,
ohne die es sich nicht lohnt,
Mensch zu sein.

Hilde Domin

13

JANUAR

Lachen können
ist auch eine Gnade;
gemeinsam mit anderen
lachen, kann auch
Nächstenliebe sein.

Anna Dengel

14

JANUAR

Um glücklich zu sein,
muss man seine Vorurteile
abgelegt und seine Illusionen
behalten haben.

Marquise de Châtelet

15

JANUAR

Wenn das Glück
uns entgegenkommt,
trägt es fast nie das Gewand,
in dem wir es erwarteten.

Madame Amiel-Lapeyre

Das Gewissen ist der einzige Spiegel, der weder betrügt noch schmeichelt.

Christine von Schweden

17

JANUAR

An den wichtigsten
Scheidewegen des Lebens
stehen meist
keine Wegweiser.

Hedwig Dransfeld

Gott gab
seiner Schöpfung
nur einen einzigen Pfeiler:
die Liebe

Elisabeth von Rumänien

19

JANUAR

Ein bisschen Schwachheit genügt, um ein schändliche Handlung zu tun.

Sully Prudhomme

Die Stunde ist kostbar.
Warte nicht auf eine spätere,
gelegenere Zeit.

Katharina von Siena

21

JANUAR

Wer liebt, gibt.
Gibt immer.
Und er hat in sich eine Fülle,
die nicht endet.

Chiara Lubich

22

JANUAR

Was ist die
Schönheit der Natur
ohne das fühlende Herz,
das sie zu empfinden vermag?

Sophie Mereau

23
JANUAR

Ich bleibe dabei,
dass der Charakter
einer Frau sich zeigt,
nicht wo die Liebe beginnt,
sondern wo sie endet.

Rosa Luxemburg

24
JANUAR

Suche jeder Sache
die beste Seite abzugewinnen,
so muss dir alles
zum Besten dienen,
und du wirst nie Grund
zum Klagen haben.

Eva von Tiele-Winckler

25

JANUAR

Einen steinigen Weg
zu gehen – dauert zwar
immer etwas länger.
Aber es ist der bessere Weg,
wenn er der gerade Weg ist.

Marie-Theresia Radloff

26
JANUAR

Über meine
Augenblicke des Glücks
habe ich immer gestaunt.
Über das Unglück niemals.

Marie Noël

27
JANUAR

Mache dich selbst
zuerst zu dem,
wozu du andere
machen willst.

Angela Merici

28

JANUAR

Ohne Frauen geht es nicht.
Das hat sogar Gott
einsehen müssen.

Eleonora Duse

29
JANUAR

Der Weise erkennt
die Dinge in Wahrheit,
der Einfältige nach ihrem
äußeren Schein.

Angela von Foligno

30

JANUAR

So weit unsere
Augen reichen,
ist die Liebe das einzige
schöpferische Prinzip,
das wir kennen.

Gertrud von le Fort

31

JANUAR

Freundliche Worte
können kurz und leicht
ausgesprochen werden,
aber ihr Nachklang
ist unendlich.

Mutter Teresa

1
FEBRUAR

Unglück und Leid
geben uns Gelegenheit,
widerstandsfähiger
zu werden.

Esther Gut

2

FEBRUAR

Jeder Tag ist ein
kleines Leben, das heißt:
ein zu bewältigendes Angebot
und nicht ein Berg,
den wir nicht übersteigen
können.

Liselotte Nold

3

FEBRUAR

Wie viele Freuden
werden zertreten,
weil die Menschen meist
nur in die Höhe gucken und,
was zu ihren Füßen liegt,
nicht sehen!

Frau Rat Goethe

4

FEBRUAR

Das Gerücht ist wie Falschgeld. Rechtschaffene Leute würden es niemals herstellen, aber sie geben es bedenkenlos weiter.

Claire Boothe-Luce

5

FEBRUAR

Vielerlei brauche ich
zu einem erfüllten Leben:
Freunde, mit denen ich Glück
und Unglück teilen kann,
leidenschaftliche Liebe,
geistige Ansprache
und den Luxus
der Einsamkeit.

Anne Ranasinghe

6

FEBRUAR

An die Demut
müsst ihr euch halten,
sie ist die Schatzmeisterin
der Wissenschaft.

Marguerite Porète

7

FEBRUAR

Bin ich jemals glücklich, außer wenn ich Schwierigkeiten zu überwinden habe.

Katherine Mansfield

8
FEBRUAR

Woran du festhälst,
das halte fest.
Was du tust, das tue
und werde nicht müde.

Clara von Assisi

Die Menschen
sind selten,
die an uns glauben
zu einer Zeit,
wo wir uns selbst aufgeben.

Henriette Brey

10

FEBRUAR

Merkmal großer
Menschen ist es,
dass sie an andere
weit geringere Anforderungen
stellen als an sich selbst.

Marie von Ebner-Eschenbach

11
FEBRUAR

Es ist gefährlich,
anderen etwas vorzumachen;
denn es endet damit,
dass man sich selbst
etwas vormacht.

Eleonora Duse

12
FEBRUAR

Kurz bevor
die Sonne aufgeht,
ist die Nacht
am dunkelsten.

Selma Lagerlöf

13

FEBRUAR

In der Liebe sprechen
Hände und Augen
meist lauter als der Mund.

Ricarda Huch

14

FEBRUAR

Wer beim andern
anfängt zu rechnen:
aufzurechnen,
abzurechnen,
anzurechnen,
der hört auf zu lieben.

Kyrilla Spiecker

15
FEBRUAR

Im Schweigen
sehen wir alles
in einem anderen Licht.
Wer schweigen lernt,
wird andere Menschen
innerlich anrühren.

Mutter Teresa

16
FEBRUAR

Nichts beruhigt
den Geist so sehr
wie ein festes Ziel.

Mary Wollstonecraft

17

FEBRUAR

Gefährlich ist es,
wenn wir mit uns selbst
zufrieden sind.

Teresa von Ávila

18

FEBRUAR

Wirklich reich ist ein
Mensch nur dann,
wenn er das Herz eines
geliebten Menschen besitzt.

Greta Garbor

19
FEBRUAR

Die Menschen
schulden uns,
was wir von ihnen erwarten,
unsere Aufgabe ist es,
ihnen diese Schuld
nachzulassen.

Simone Weil

20

FEBRUAR

Geduld ist die praktische
Kunst zu hoffen.

Helene Matuschka

21

FEBRUAR

Erlaube,
dass dir heilsame Hilfe
geschenkt wird.

Ida von Nijvel

22

FEBRUAR

Das Talent zu herrschen täuscht oft über den Mangel an anderem Talent.

Marie von Ebner-Eschenbach

23

FEBRUAR

Gute Gedanken
sind Engel,
die man aussendet,
um das Erwünschte
herbeizuführen.

Zenta Maurina

24
FEBRUAR

Wer vor sich selbst ausreißt, kann nicht zu anderen stehen.

Irmgard Tabea Laps

Das Schicksal kann
mir einen Weg aufzwingen,
aber niemals ein Ziel.

Margarete Seemann

26
FEBRUAR

Ein launischer Mensch
ist niemals weise.

Lisa Wenger

27

FEBRUAR

Die Klugheit
steht zurück, um zu sehen.

Carmen Sylvia

28
FEBRUAR

Man muss Gott beim Herzen zu packen verstehen. Das ist seine schwache Seite.

Teresa von Ávila

29

FEBRUAR

Vergeude nicht
die kurze Frist
deines irdischen Lebens.

Camilla Battista Varani

1

MÄRZ

Von Zeit zu Zeit
erscheinen uns
wunderbare Engel,
geschickt verkleidet,
als ganz normale
menschliche Wesen.

Adele Basheer

Es gibt kein
unnützes Leiden.
Wenn wir alt werden,
haben wir nur mehr
eines zu bereuen:
dass wir uns nicht genug
hingegeben haben.

Eleonora Duse

3
MÄRZ

Nur der erste Schritt
macht Schwierigkeiten.

Madame de Deffaud

4

MÄRZ

Sei gerecht,
ehe du großmütig bist.

Elisabeth Fry

5

MÄRZ

Was für einen Zirkus
wir Frauen jeden Tag
managen – dagegen sieht ein
Trapezkünstler richtig alt aus!

Anne Morrow Lindbergh

6
MÄRZ

Leben bringt
Leben hervor.
Energie schafft Energie.
Indem man sich verschenkt,
wird man reich.

Sarah Bernhardt

7

MÄRZ

Das Leben ist ein Spiel.
Man macht keine
größeren Gewinne,
ohne Verluste zu erzielen.

Christine von Schweden

Nichts wird so oft
unwiederbringlich versäumt
wie eine Gelegenheit,
die sich täglich bietet.

Marie von Ebner-Eschenbach

9

MÄRZ

Billig ist der Weg
zur inneren Ruhe
niemals zu haben,
weder für den,
der ihn geht,
noch für den,
der andere darauf führen will.

Elly Heuss-Knapp

10
MÄRZ

Werde ein Segen für alle,
die dir begegnen;
du hast einen Auftrag für alle,
und wäre es nur
ein freundlicher Gedanke,
ein Gruß, ein stummes Gebet.

Eva von Tiele-Winckler

11

MÄRZ

Wenn wir Einfluss
auf andere ausüben wollen,
müssen wir den Menschen
respektieren.

Esther Gut

12
MÄRZ

Zeit unseres Lebens
bleiben wir unterwegs
zu dem Ideal,
das Gott in uns
hineingelegt hat.

Christeta Hess

13

MÄRZ

Wer ganz genießt,
der lebt wirklich.

Karoline von Günderrode

Dankbarkeit ist das
Gedächtnis des Herzens.

Kyrilla Spiecker

15

MÄRZ

Was du scheinst,
das werten Menschen.
Was du bist,
das wertet Gott.

Margarete Seemann

Das Leid kann
sehr menschenwürdig sein,
und es hat seine
Berechtigung
wie Liebe und Freude.

Maria Sporer

17

MÄRZ

Freude ist ein Zeichen,
dass man dem Licht nahe ist.

Edith Stein

18

MÄRZ

Glück ist etwas,
was man geben kann,
ohne es zu haben.

Ricarda Huch

19

MÄRZ

Manchmal für einen
Augenblick halte ich ein,
mitten im Trubel des Tages,
schließe meine Augen und
meine Ohren und bin einen
Augenblick glücklich:
Ich bin nicht allein,
du bist da, mein Gott!
Mittendrin

Christa Weiss

20
MÄRZ

An der Launenhaftigkeit
eines Menschen
erkennt man den Grad
seiner Unkultur.
Denn Selbstdisziplin ist
der Grundstein der Kultur,
ohne den alles andere
nur Tünche ist.

Eleonore van der Straten-Sternberg

21

MÄRZ

Einen Menschen zu entdecken, das ist nicht minder abenteuerlich als eine Fahrt in bisher unbekanntes Land.

Hannelore Frank

22
MÄRZ

Allzu große Nähe
hindert manchmal,
dass Freunde sich gegenseitig
klar erkennen.

Gertrud von Helfta

23
MÄRZ

Wer sein Alter verbirgt,
schafft seine Erinnerungen ab.

Arletty

24

MÄRZ

Kleine Freuden
sind die Stufen zum Glück.

Brigitte Theilen

25

MÄRZ

Ich weinte,
weil ich keine Schuhe hatte,
bis ich einen Mann traf,
der keine Füße hatte.

Helen Keller

26
MÄRZ

Aber frei will ich sein
und ganz mein,
und was ich gebe,
das soll mich nicht binden.

Bettina von Arnim

27

MÄRZ

Kein Mensch
kann den andern
von seinem Leid befreien;
aber er kann ihm Mut machen,
das Leid zu tragen.

Selma Lagerlöf

28
MÄRZ

Lass nicht zu,
dass du jemandem begegnest,
der nicht nach der Begegnung
mit dir glücklicher ist.

Mutter Teresa

29

MÄRZ

Ich habe erkannt,
dass es wichtig ist,
sich selbst zu lieben.
Nur wer sich selbst liebt,
kann Freude weitergeben und
wahre Freude gewinnen.

Gabriele Riedel

30
MÄRZ

Die Seele ist ruhig,
wenn sich das Herz
zufrieden fühlt,
deshalb ist jeder Glaube,
ob wahr oder falsch,
etwas wert, man muss eben
einen haben.

Sully Prudhomme

31
MÄRZ

In der Jugend bekämpft
man fremde Ansichten,
im Alter ist man froh,
wenn man mit sich selber
fertig wird.

Lisa Wenger

1
APRIL

Nur die allergescheitesten Leute benützen ihren Scharfsinn zur Beurteilung nicht bloß anderer, sondern auch ihrer selbst.

Marie von Ebner-Eschenbach

2

APRIL

Dankbarkeit ist der Schlüssel zur Schatzkammer unseres Lebens.

Lieselotte Nold

3
APRIL

Nichts bezeichnet den Menschen mehr als das, wofür er niemals Zeit findet.

Isolde Kurz

4

APRIL

Wenn man in die
falsche Richtung läuft,
hat es keinen Zweck,
das Tempo zu erhöhen.

Birgit Breul

Bleib so, wie du bist,
sagte er am Anfang.
Als er sagte:
Du musst dich ändern,
war es schon zu spät.

Inge Krupp

6

APRIL

Seid Idealisten bis ins Greisenalter. Idealisten, die eine Idee verkörpern. Dann habt ihr gelebt.

Paula Modersohn-Becker

7
APRIL

Das Leben spielt sich immer heute ab, und heute muss man auskosten, nützen und genießen, nicht morgen oder übermorgen.

Hannelore Frank

8

APRIL

Wenn wir gehen,
muss etwas zurückbleiben,
und sei es nur die Erinnerung
an ein gutes Wort.

Heide von Horix-Schwesinger

Leben soll man leben,
aber nicht die ganze Zeit
darüber diskutieren.

Isabelle Adjani

10

APRIL

Wir leben manchmal so,
als wenn wir unermesslich
viel Zeit hätten.

Eleonore van der Straten-Sternberg

11
APRIL

Deine Kraft liegt
in deiner Hoffnung.

Luise Rinser

12

APRIL

Vergiss nie,
dass Offenheit
und Schwatzhaftigkeit
etwas ganz Verschiedenes
sind.

Felicitas von Reznicek

13

APRIL

Der Weg der Reflexion
ist der Weg
des Kompromisses.

Augustina Bessa-Luis

14

APRIL

Wer nach seiner
Überzeugung handelt,
und sei sie noch so
mangelhaft, kann nie ganz
zugrunde gehen.

Annette von Droste-Hülshoff

15

APRIL

Die Welt bedarf
der mütterlichen Frau;
denn sie ist weithin
ein armes, hilfloses Kind.

Gertrud von Le Fort

16
APRIL

Hast du es
mit Menschen zu tun,
dann sorge dafür,
dass sie sich in deiner
Gegenwart wohlfühlen.

Esther Gut

Kein Geschenk
vermag eine Menschenseele
mehr zu erfreuen
als Verständnis.

Elisabeth Hablé

18

APRIL

Du kannst
den Geist nicht erzeugen.
Du kannst ihn nur
empfangen.

Bettina von Arnim

19

APRIL

Nützlich sein
heißt nicht,
unentbehrlich zu sein.

Marie von Ebner-Eschenbach

20

APRIL

Das Altern ist wie
die Woge im Meer.
Wer sich von ihr tragen lässt,
treibt obenauf.
Wer sich dagegen aufbäumt,
geht unter.

Gertrud von Le Fort

21
APRIL

Ein Werk ist dann
am besten geglückt,
wenn man am wenigsten
von den Mühen spürt,
die es gekostet hat.

Elly Heuss-Knapp

22
APRIL

Menschen sind
wie Kirchenfenster.
Wenn die Sonne scheint,
strahlen sie in allen Farben,
aber wenn die Nacht kommt,
kann nur ein Licht im Innern
sie voll zu Geltung bringen.

Elisabeth Kübler-Ross

23
APRIL

Der einzige
Unterschied zwischen einem
Maskenfest und einem
anderen Fest ist der,
dass du beim ersteren zum
Schluss die Maske abnimmst,
beim letzten aber nicht.

Eleonore van der Straten-Sternberg

24

APRIL

Eine Seele, die liebt,
ist für die Welt
eine kleine Sonne,
die Gott ausstrahlt.

Chiara Lubich

25
APRIL

Schnell zu leben heißt, uns damit abzufinden, dass wir nicht zu leben verstehen.

Augustina Bessa-Luis

26

APRIL

Unser Eigentum ist
nur das, was uns keiner
nachmachen kann.
Dazu gehört auch unser Sein.

Rahel Varnhagen

27

APRIL

Nicht das Beginnen
wird belohnt,
sondern einzig und allein
das Durchhalten.

Katharina von Siena

28

APRIL

Verständen wir das Wort von
der Nächstenliebe,
wir würden uns auf nichts
anderes mehr verlegen.

Teresa von Ávila

29
APRIL

Wenn man dir ein
Geheimnis anvertraut,
so lasse es dir zur Warnung
dienen, und behalte
das deine für dich.

Lisa Wenger

30

APRIL

Die Schönheit der Welt
ist das zarte Lächeln
Gottes für uns
durch die Materie hindurch.

Simone Weil

1

MAI

Wir sprechen nur
deshalb so viel,
weil wir uns nicht
ausdrücken können.

Rahel Varnhagen

2

MAI

Wer ein Ziel hat,
nimmt auch schlechte Straßen
in Kauf.

Kyrilla Spiecker

3
MAI

Demut ist die
dem Menschen eigentümliche
Würde vor Gott.

Gertrud von Le Fort

4

MAI

Geduld ist mehr wert als
hektische Geschäftigkeit.

Margery Kempe

5
MAI

Glückliche Leute
haben Kräfte frei
und können etwas tun.

Hannelore Frank

6

MAI

Wir haben viel stärkere
Flügel, als wir glauben.
Wir wagen nur nicht,
sie zu entfalten.
Wir wagen nicht zu fliegen.

Luise Rinser

7
MAI

Zwei Dinge bedenke:
woher und wohin-,
dann hat dein Leben
den richtigen Sinn.

Margarete Seemann

8

MAI

Andere neidlos
Erfolge erringen sehen,
nach denen man selbst strebt,
ist Größe.

Marie von Ebner-Eschenbach

Die nackte Wahrheit
ist besser als
die vergoldete Lüge.

Enrica von Handel-Mazzetti

10

MAI

Wir haben eine Ewigkeit
vor uns, aber wir haben
nur kurze Zeit,
um sie vorzubereiten.

Gabriele Mistral

Glückseligkeit besteht
nur in Augenblicken;
ich wurde glücklich,
da ich das lernte.

Karoline Schlegel

12

MAI

Wer sich zu viel
und zu laut über Einsamkeit
beklagt, langweilt sich in
seiner eigenen Gesellschaft.

Maria Monski

Jedes Verzeihen unterbricht den Kreislauf des Bösen.

Kyrilla Spiecker

14
MAI

Wer teilt,
dessen Herz
fängt zu singen an.

Schwester Emanuelle

Älterwerden bedeutet:
den Weg nach innen gehen.

Luise Rinser

16
MAI

Ein Mensch ist dann groß,
wenn er trotz der Größe
des Erreichten
im Innersten seines Herzens
ein liebenswerter Mensch
geblieben ist.

Maria Theresia Radloff

17

MAI

Glück ist nicht in einem ewig lachenden Himmel zu suchen, sondern in ganz feinen Kleinigkeiten, aus denen wir unser Leben zurechtzimmern.

Carmen Sylva

18

MAI

Was dich im Nachhinein
quält, lass es.
Was du sein willst,
liegt vor dir.

Theresia Hauser

19

MAI

Hüte dich
mit weiser Vorsicht
vor dem Vielerlei
der Tätigkeiten.

Hadewijch

20

MAI

Nur nicht Empfindungen
Verdrängen.
Ihr Platz lässt sich nicht
anderwärtig besetzen.

Friederike Weichselbaumer

Zweifel kennen wir alle.
Doch ob uns der Zweifel zur
Verzweiflung führt,
zum Glauben oder wenigstens
zum Glaubenwollen,
darin liegt der Unterschied.

Hannelore Frank

22
MAI

Jeder Mensch
hat ein Gewissen;
es mahnt ihn,
er soll nichts fürchten
und soll nichts versäumen,
was das Herz von ihm fordert.

Bettina von Arnim

23

MAI

Unsere Träume können wir erst dann verwirklichen, wenn wir uns entschließen, einmal daraus zu erwachen.

Josephine Baker

24

MAI

Sehnsucht ist der Beweis, dass der Geist eine höhere Seligkeit sucht.

Bettina von Arnim

25

MAI

Die Liebe lebt
vom Wunder,
nicht vom Recht.

Christina Busta

26

MAI

Die Natur macht die
Frauen verschieden –
die Mode macht sie gleich.

Christina von Schweden

27

MAI

Vergiss nicht,
dass das Zusammenleben
mit dir genügen kann,
sich den Himmel
zu verdienen.

Madeleine Delbrêl

28
MAI

Den anderen
annehmen heißt,
nicht nur seine Grenzen,
sondern auch seine
Fähigkeiten bejahen.

Kyrilla Spiecker

29
MAI

Wenn die Güte
ihr nicht vorausgeht,
ist die Gerechtigkeit
ein trockenes Brot.

Madeleine Delbrêl

30

MAI

Die *Hoffnung* lässt
erhoffte Dinge spüren,
und wenn sie *glaubt*,
sieht sie den *Himmel offen*.

Sully Prudhomme

31
MAI

Schiffe stranden
an Felsen, menschliche
Beziehungen oft schon
an Kieselsteinen.

Edith Stein

1
JUNI

Wir machen keine neuen Erfahrungen, aber es sind immer neue Menschen, die alte Erfahrungen machen.

Rahel Varnhagen

2

JUNI

Die Nächstenliebe
ist eine so kluge Händlerin,
dass sie überall Gewinn
herausschlägt, wo andere
Verluste machen.

Marguerite Porete

3

JUNI

Optimismus ist das
Übersehen alles Negativen
und der Glaube
an die Hoffnung.

Susann W.

4

JUNI

Wir werden
krank aneinander,
weil wir nicht füreinander
dasein wollen.

Kyrilla Spiecker

5

JUNI

Die Wahrheit sagen
ist ein Zeichen von Mut.

Zora Neale Hurston

Die Augen sind
die Fenster der Seele.

Hildegard von Bingen

7

JUNI

Alles was man gibt,
ist Gewinn,
und was man nicht gibt,
ist Verlust.

Christine von Schweden

Gutmütigkeit ist eine
alltägliche Eigenschaft,
Güte die höchste Tugend.

Marie von Ebner-Eschenbach

9
JUNI

Geduld ist erlernbar,
Geduld
bringt großen Gewinn.
Geduld
ist eine göttliche Eigenschaft.
Nur der Ungeduldige
glaubt es noch nicht.

Hannelore Frank

10

JUNI

Leise Menschen,
stille Freundschaften,
stille Worte, stille Zeichen
übertönen lautstarkes Getue,
überdauern die Kurzlebigkeit
großer Versprechungen,
leerer Gesten.

Margot Bickel

11
JUNI

Einen Engel wünsche ich uns,
dass wir von ihm sehen lernen
und die hohe schwere Kunst:
Leise hören in dem Lärm.

Ursula Koch

Den Alten möchte
man verschreiben:
ein wenig Humor,
viel Geduld und
unerschöpflich viel Liebe.

Elly Heuss-Knapp

13
JUNI

Freude –
welch eine Urkraft,
mächtig genug,
um die Welt aus den Angeln
zu heben.

Elisabeth Langgässer

Allein sein ist schön,
wenn man allein sein will,
nicht wenn man es muss.

Anette Kolb

15

JUNI

So mancher meint,
ein gutes Herz zu haben,
und hat nur schwache
Nerven.

Marie von Ebner-Eschenbach

16
JUNI

Wenn wir wüssten,
wie kurz das Leben ist,
wir würden uns gegenseitig
mehr Freude machen.

Ricarda Huch

17

JUNI

Ich weiß keine höhere
Anweisung an den Geist als:
Frag dich selber!

Bettina von Arnim

Sei jederzeit
in allem demütig,
aber nicht so demütig,
dass du zum Toren
dabei wirst.

Hadewijch

19
JUNI

Sei nicht
allzu hartnäckig,
zumal in Dingen,
an denen wenig gelegen ist.

Teresa von Ávila

20

JUNI

In den Handlungen
der Natur gibt es keine Ironie.

Sully Prudhomme

21
JUNI

Wenn etwas in Erfüllung geht,
was man lange
beharrlich erbetet hat,
so ist es mir immer
fast noch überwältigender
als eine sofortige Erhörung.

Edith Stein

22
JUNI

Keiner glaubt es uns,
dass wir im Herzen eine
liebevolle Gesinnung haben,
wenn wir nach außen
ein unfreundliches, düsteres
und unliebenswürdiges
Gesicht machen.

Eva von Tiele-Winckler

23
JUNI

Wende dein Gesicht
der Sonne zu,
und du kannst
den Schatten nicht sehen.

Helene Keller

24

JUNI

Viele Menschen
sind deshalb heimatlos,
weil sie in sich selbst
nicht zu Hause sind.

Annemarie Knorpp

25
JUNI

Wer etwas erleben will,
muss einfach den ersten
Schritt dazu machen.

Elisabeth Starr Hill

26
JUNI

Ein großer Geist kann niemals Neid empfinden.

Maria-Theresia Radloff

27
JUNI

Zusammen leben heißt,
alle Tage miteinander
neu beginnen.

Kyrilla Spiecker

28

JUNI

Wahre Freuden sind still
und verlangen die Stille.

Ruth Schumann

29

JUNI

Die Selbsthingabe ist
die freieste Tat der Freiheit.

Edith Stein

Geben macht reich,
festhalten arm.

Eva von Tiele-Winckler

1

JULI

Ein freundliches Wort
kostet nichts
und ist doch
ein schönes Geschenk.

Daphne du Maurier

Schätzt einander,
helft einander,
ertragt einander.

Angela Merici

3

JULI

Wenn es schwer ist,
dann muss man tapfer sein.
Tapferkeit ist das
Allerherrlichste.

Maria Waser

4
JULI

Liebe darf nicht nur
schenken und geben.
Liebe muss tausendmal
verzeihen.

Gertrud Maassen

5

JULI

Alle unsere Irrtümer
übertragen wir
auf unsere Kinder,
in denen sie untilgbare
Spuren hinterlassen.

Maria Montessori

6

JULI

Nur ein Mensch,
der zu sich selbst
zurückgefunden hat,
kann zu einem anderen
Menschen zurückfinden.

Anne Morrow Lindbergh

7

JULI

Wir können nicht glücklich sein, solange wir nicht gelernt haben, über uns selber zu lachen.

Dorothy Dix

Obwohl zum Innehalten die
Zeit nicht ist,
wird einmal keine Zeit
mehr sein, wenn man
jetzt nicht innehält.

Christa Wolf

9

JULI

Mühe dich nicht
zu schweigen.
Hör lieber zu.

Madeleine Delbrêl

Halte dich nicht
schadlos.
Zieh den Kürzeren.
Lass dir etwas entgehen.

Eva Zeller

11

JULI

Es ist nicht nur schwer,
sich selbst zu erkennen,
es ist auch äußerst lästig.

Camilla Fiebig

12
JULI

Liebe ist das einzige,
das wächst, wenn wir
es verschwenden.

Ricarda Huch

13

JULI

Hasten ist
das sinnlose Bemühen,
rascher als die Zeit zu sein.

Elisabeth Hablé

14

JULI

Optimismus ist
die Fähigkeit, den blauen
Himmel hinter Wolken
zu ahnen.

Madeleine Robinson

15

JULI

Eine gottlose Welt
wird zuletzt eine
unmenschliche Welt.

Hanna Renate Laurien

16
JULI

Glück ist ein Prozess, ist die Fertigkeit, zwischen Traum und Wirklichkeit eine eigene Lebenskonzeption zu finden.

Irene Runge

17

JULI

Bewähre dich,
sei stark, freundlich, klug,
und du hast gewonnen.

Katherine Mansfield

Nichts verändert den Menschen so sehr wie Geld.

Maria-Theresia Radloff

19

JULI

Unser wahres Glück
ist nicht von dieser Welt,
aber wir schreiben es ihr
gern fälschlicherweise zu.

Christa Franze

20

JULI

Man bleibt jung,
solange man noch lernen,
andere Gewohnheiten
annehmen und Widerspruch
ertragen kann.

Marie von Ebner-Eschenbach

21
JULI

Vögel singen in einer Welt,
die krank, lieblos,
ungerecht ist.
Vielleicht haben sie Recht.

Andrea Schwarz

22
JULI

Wir üben Vergessen,
wo Erinnern Not täte.
Wir horten Erinnern,
wo Verzeihen befreite.

Kyrilla Spiecker

23

JULI

Wie nun aber nicht alle
Träume anzunehmen sind,
so sind auch nicht alle
zu verachten.

Birgitta von Schweden

Erst, wenn man mit dem Leid
umzugehen weiß,
dann weiß man auch
mit dem Leben umzugehen.

Friederike Weichselbaumer

25

JULI

Wer sein Ziel weit steckt,
hat viel Raum zum Wachsen.

Silvia Schubert

26
JULI

Das Erlernen der
Einsamkeit ist eine Kraft
und nicht ein Ziel.

Elisabeth Badinter

27
JULI

Viel Zeit brauchen
wir nicht, um uns an der
Schönheit der unscheinbaren
Dinge zu freuen,
aber ein offenes Auge,
ein offenes Herz.

Eva von Tiele-Winckler

28

JULI

Gegen den Rückschritt gibt es nur ein Mittel: immer wieder von vorn anfangen.

Teresa von Ávila

29

JULI

Misstraue deinem Urteil
über die, die sich
deiner Wertschätzung nicht
erfreuen.

Madeleine Delbrêl

30
JULI

Das Leben ist eine Reise. Je weniger Gepäck man dabei hat, desto mehr Eindrücke kann man mitnehmen.

Hanna Schygulla

31

JULI

In unserer
Lebenslandschaft wechselt
sich Licht und Schatten ab.
Weißt du, was dich hinter der
nächsten Biegung erwartet?
Nimm sie mit Besonnenheit.

Brigitte Bohnhorst

1
AUGUST

Das Leben ist
wundervoll.
Es gibt Augenblicke,
da möchte man sterben.
Aber dann geschieht etwas
Neues, und man glaubt,
man sei im Himmel.

Edith Piaf

2

AUGUST

Ich will geliebt sein
oder ich will begriffen sein.
Das ist eins.

Bettina von Arnim

Schweigen ist die
Sprache der Ewigkeit.
Lärm geht vorüber.

Gertrud von Le Fort

4

AUGUST

Wenn du keine Last
zu tragen hast,
dann nur deshalb,
damit du die der anderen
mittragen kannst.

Madeleine Delbrêl

5

AUGUST

Jedes Geschöpf ist mit
einem anderen verbunden,
und jedes Wesen wird durch
ein anderes gehalten.

Hildegard von Bingen

6

AUGUST

Ich muss wählen
zwischen zwei Möglichkeiten
zu leben.
Wählen bedeutet aber
auch lassen.

Kyrilla Spiecker

7
AUGUST

Alles vergeht.
Am Abend des Lebens
bleibt nur die Liebe.

Elisabeth von Dijon

8

AUGUST

Ich halte noch immer fest
an dem Glauben
an die innerliche Güte
des Menschen.

Anne Frank

Gäbe man einem
Menschen alle
Herrlichkeit der Welt,
was hilft´s,
wenn er keinen Freund hat,
dem er es sagen kann?

Catharina Elisabeth Goethe

10

AUGUST

Ehrgeiz ist die Sehnsucht,
die nicht vom Herzen,
sondern vom Kopf her kommt.

Anita Daniel

Der Unmöglichkeit
sind keine Grenzen gesetzt,
der Möglichkeiten gar viele.

Elisabeth Hablé

12

AUGUST

Der Mensch wird durch nichts anderes *mehr* gepackt als durch Liebe und Güte.

Katharina von Siena

Frage nie:
»Warum gibt es Leid?«,
sondern: »Wozu dient es mir?«

Eugene Heimler

14

AUGUST

Hütet euch davor,
etwas gewaltsam
durchsetzen zu wollen.

Angela Merici

15
AUGUST

Wer die Hälfte gibt,
soll nicht das Ganze wollen.

Juana Inés de la Cruz

16

AUGUST

Die Stunde
auf dem Gipfel
wäre nicht halb so schön,
wären da zuvor nicht
die dunklen Täler
zu durchwandern.

Helen Miller

17

AUGUST

Es ist leicht,
weit entfernte Menschen
zu lieben.
Es ist aber nicht immer leicht,
diejenigen zu lieben,
die gleich neben uns wohnen.

Mutter Teresa

18

AUGUST

Die Seele spürt, ob das,
was sie in sich aufnimmt,
mit ihrem eigenen Sein
verträglich und dafür
förderlich ist oder nicht.

Edith Stein

19

AUGUST

Manchmal träume ich
davon, dass ich nicht immer
nur blühen muss,
sondern Zeit, Ruhe habe,
um Kraft für neue Triebe
zu sammeln.

Andrea Schwarz

20

AUGUST

O Gott, gib,
dass ich diesen Tag so lebe,
dass ich wert bin,
ihn zu erleben.

Marie von Ebner-Eschenbach

Gott verlangt nichts
vom Menschen,
ohne ihm zugleich die Kraft
dafür zu geben.

Edith Stein

22

AUGUST

Es kommt nicht darauf an,
geliebt zu werden,
sondern zu lieben und
anderen zum Segen zu sein.

Eva von Thiele-Winckler

23
AUGUST

Tatsächlich sind es
die wichtigsten Momente
im Leben,
wenn wir allein sind.

Anne Morrow Lindbergh

24
AUGUST

Stört dich ein Fehler eines anderen,
so übe an dir selbst
das entgegengesetzte Gute.
Dein Beispiel wirkt mehr
als Worte.

Teresa von Ávila

25
AUGUST

Was man mit Reue
bezahlen muss,
ist immer überbezahlt,
denn sie ist eine lebens-
längliche Ratenzahlung.

Eleonore van der Straten-Sternberg

26
AUGUST

Für seine Handlungen sich
allein verantwortlich
fühlen und allein ihre Folgen,
auch die schwersten, tragen,
das macht die Persönlichkeit
aus.

Ricarda Huch

27

AUGUST

Lernt, zufrieden allein zu sein – wer seine eigene Gesellschaft nicht erträgt, sollte sie nicht anderen zumuten.

Karin Böcker

28
AUGUST

Freude und Schmerz sind gleich kostbare Gaben, und es gilt, sie eines wie das andere völlig auszukosten, jedes in seiner Reinheit,
ohne dass man sie zu vermischen sucht.

Simone Weil

Dein Schöpfer hat dir den besten Schatz gegeben, einen lebendigen Schatz, deinen Verstand.

Hildegard von Bingen

30

AUGUST

In jedem Urteil drückt der naiv urteilende Mensch sich selbst aus.

Ricarda Huch

31
AUGUST

Sei überzeugt,
dass du Recht hast,
glaub es nicht nur!

Madeleine Delbrél

1

SEPTEMBER

Manch einem geht der
Mund über,
bevor das Herz voll ist.

Stella Kadmon

2
SEPTEMBER

Lieben Sie Ihre Erbärmlichkeit, denn an ihr übt Gott sein Erbarmen.

Elisabeth von Dijon

3
SEPTEMBER

Für andere mehr oder
minder fremde Menschen
Verständnis aufzubringen
und entschuldigende Liebe
wie für uns selber,
das will gelernt sein
ein Leben lang.

Hannelore Frank

4

SEPTEMBER

Jeder Mensch,
besonders jede Frau,
sollte einmal im Jahr,
einmal in der Woche,
einmal am Tag allein sein.
Wie revolutionär das klingt
und wie undurchführbar!

Anne Morrow Lindbergh

5

SEPTEMBER

Menschsein:
wachsen, aufeinander zu,
über sich selbst hinaus.

Ide Lamp

6

SEPTEMBER

Heiligkeit besteht darin,
mit einem Lächeln
den Willen Gottes zu tun.

Mutter Teresa

7

SEPTEMBER

Einen Fehler eingestehen
ist keine Schwäche,
sondern Stärke.

Franziska Maier-Höffern

8
SEPTEMBER

Die schönsten
Liebesgedichte werden
nicht ausgesprochen,
sie werden gelebt.

Christina Busta

9

SEPTEMBER

Wirklich gute Freunde sind Menschen, die sich ganz gut kennen und trotzdem zueinander halten.

Marie von Ebner-Eschenbach

10

SEPTEMBER

Die Freuden des Geistes sind Heilmittel gegen die Wunden des Herzens.

Germaine (Madame) de Stäef

11
SEPTEMBER

Nur *die* Sache ist verloren, die man aufgibt.

Doris Lessing

12

SEPTEMBER

Geduld ist ein langsamer, aber ein verlässlicher Baumeister.

Margarete Seemann

13

SEPTEMBER

Wir müssen unsere Unvollkommenheit annehmen und lieben und nicht daran arbeiten, Heilige zu werden, sondern nur uns mühen, Gott Freude zu machen.

Thérèse von Lisieux

14

SEPTEMBER

Innere Freude
und Genugtuung sind
süßer und beständiger
als alle lärmenden Ver-
gnügungen dieser Welt,
die müde machen und
nichts als eine schreckliche
Leere zurücklassen.

Maria Theresia

15

SEPTEMBER

Man sollte nicht
ängstlich fragen: Was wird
und kann noch kommen?
Sondern sagen:
Ich bin gespannt, was Gott
jetzt noch mit mir vorhat.

Selma Lagerlöf

16

SEPTEMBER

Wir müssen das Alleinsein
erst wieder lernen.
Das ist heute eine schwierige
Lektion.

Anne Morrow Lindbergh

17
SEPTEMBER

Pflege das Leben,
wo du es triffst.

Hildegard von Bingen

18

SEPTEMBER

Der größte Feind
des Rechts
ist das Vorrecht.

Marie von Ebner-Eschenbach

19

SEPTEMBER

So müssen auch wir uns bisweilen beugen und demütigen, um uns dann froh und erquickt wieder aufzurichten.

Elisabeth von Thüringen

20

SEPTEMBER

Der eigentliche Kern der Freundschaft: ein Glaube, ein Hoffen, ein gemeinsames Werk! Es liegt eine große Freude darin.

Annette von Droste-Hülshoff

21

SEPTEMBER

Alles, was reifen soll,
braucht langes Ruhen.
Alles, was zur Tiefe drängt,
braucht die Behütung eines
gütigen Abseits.

Gertrud von Le Fort

Manchmal braucht man
nur ein Wort,
das uns warm das Herz
anrührt und wie
eine gute Hand uns
durch unseren Alltag führt.

Ruth Nöther

23

SEPTEMBER

Man liebt einen
Menschen nicht wegen
seiner Stärken,
sondern wegen
seiner Schwächen.

Tilla Durieux

24

SEPTEMBER

Suche immer zu nützen, suche nie, dich unentbehrlich zu machen.

Maria von Ebner-Eschenbach

25
SEPTEMBER

Gott lehrt mich dies,
dass ich nie ein Werk
so gut getan habe,
als dass ich es nicht noch
besser hätte tun können.

Mechthild von Magdeburg

26
SEPTEMBER

Es ist doch eigentlich der Hauptinhalt im Leben: Sehnsucht und wieder Sehnsucht.

Franziska Gräfin zu Reventlow

27

SEPTEMBER

Die Person steht immer höher als alle sachlichen Werte.

Edith Stein

28
SEPTEMBER

Hier in der Einsamkeit reduziert der Mensch sich auf sich selber.

Paula Modersohn-Becker

29

SEPTEMBER

Wenn du liebst,
dringst du ans Licht
wie der Same, der in
der Erde verborgen war.

Bettina von Arnim

30

SEPTEMBER

Dies bedeutet Glück,
das Glück schlechthin:
zu lieben und zu spüren:
Ich bin geliebt.

Chiara Lubich

1

OKTOBER

Wir müssen das,
was wir haben,
froh und gerne geben.

Elisabeth von Thüringen

Zeige dich,
wie du bist,
und sei,
wie du dich zeigst.

Mary Ward

3

OKTOBER

Wo die Eitelkeit anfängt,
hört der Verstand auf.

Marie von Ebner-Eschenbach

Liebe beginnt
bei der Mitfreude.

Maria-Theresia Radloff

5

OKTOBER

Sei freundlich
zu deinem Leib,
damit die Seele Lust hat,
darin zu wohnen.

Teresa von Ávila

6

OKTOBER

Kein Streit würde lange dauern, wenn die Menschen bedenken würden, wie kurz das Leben ist.

Franziska Kunz

7

OKTOBER

Gute Gedanken sind das Friedenslicht der Welt.

Maria-Theresia Radloff

8

OKTOBER

Wo man am meisten fühlt,
weiß man am wenigsten
zu sagen.

Annette von Droste-Hülshoff

9

OKTOBER

Niemals will
ich glauben, ich sei gut.
Aber werden will ich es.

Gertrud Maassen

10

OKTOBER

Sei deines Willens Herr
und deines Gewissens
Knecht.

Marie von Ebner-Eschenbach

11

OKTOBER

Das Vollkommene
kann man nur bewundern,
aber nicht lieben.
Zur Liebe gehören auch
Schönheitsfehler.

Luise Ullrich

Die Menschen
sind selten, die an uns
glauben zu einer Zeit,
wo wir uns selbst aufgeben.

Henriette Brey

13

OKTOBER

Ich bin der Meinung, dass
man das eigene Ich,
die innere Quelle,
am besten in der
Einsamkeit wiederfindet.

Anne Morrow Lindbergh

14

OKTOBER

Unter allen Einmischereien
ist die,
die sich mit Mann und Frau
beschäftigt, für alle Teile
die verhängnisvollste.

Elisabeth von Arnim

15

OKTOBER

Gott ist so groß,
dass er es wohl wert ist,
ein Leben lang gesucht
zu werden.

Teresa von Ávila

16

OKTOBER

Der Mensch ist verarmt,
denn er hat verlernt,
sich zu wundern.

Evelyn Wangh

17
OKTOBER

Die Liebe trägt die Seele,
wie die Füße den Leib tragen.

Katharina von Siena

Am kostbarsten
sind immer die Dinge,
die keinen Preis haben.

Luise Rinser

19

OKTOBER

Wir lieben die Wahrheit, solange sie uns gleichgültig lässt.

Simone Weil

20
OKTOBER

Am meisten Nachsicht
übt der,
der die wenigste braucht.

Marie von Ebner-Eschenbach

21

OKTOBER

Die Vernunft
quält das Herz,
ohne es zu überzeugen.

Marie Jeanne de Riccoboni

22

OKTOBER

Manchmal ist es
ganz gut zu vergessen
und weiterzuleben.

Lydia D.

23

OKTOBER

Man muss viel eher anderen alles vergeben als sich selbst.

Christine von Schweden

24

OKTOBER

Auf schmalem Pfad
zu gehen, lehrt uns, das
Gleichgewicht zu halten.

Elisabeth Maria Maure

25

OKTOBER

Wer sich durch die
Verschiedenartigkeit seiner
Mitmenschen bereichert fühlt,
wird viele Freunde finden.

Dagmar C. Walther

26

OKTOBER

Irgendwann
in deinem Leben wirst du
auf eine Reise gehen.
Es wird die längste Reise
sein, die du je gemacht hast.
Es ist die Reise zu dir selbst.

Katherine Sharp

27
OKTOBER

Das Pendel muss
zwischen Einsamkeit und
Gemeinsamkeit,
zwischen Einkehr und
Rückkehr schwingen.

Anne Morrow-Lindbergh

28

OKTOBER

Jeder hat im Leben Dinge, die er von sich abschütteln und vergessen muss, und je eher man das tut, um so gescheiter ist es.

Fanny Lewald

29

OKTOBER

Sich nicht über die
Maßen wichtig nehmen!
Geduldig sein gegen andere
und auch gegen sich selbst.
Geduldig auch gegen seine
eigene Last.

Anna Schieber

30

OKTOBER

Hast du Freiheit?
Bist du frei?
Es ist eine Frage des Seins,
nicht des Besitzens.

Margot Bickel

31

OKTOBER

Die Welt bedarf der
mütterlichen Frau;
denn sie ist weithin
ein armes, hilfloses Kind.

Gertrud von Le Fort

1
NOVEMBER

Das große Geheimnis unseres Lebens besteht darin, dass wir einen einmal gefassten Vorsatz nie aufgeben.

Christine von Schweden

2

NOVEMBER

Mancher ist eine Sammlung schätzenswerter Eigenschaften und ist doch keine Persönlichkeit.

Isolde Kurz

3
NOVEMBER

Wartet nicht auf die Zeit,
denn die Zeit wartet nicht
auf euch!

Katharina von Siena

4

NOVEMBER

Denn ich glaube
immer noch mehr an
die Wahrheit der früheren
Empfindung als an die
der späteren Betrachtung.

Sophie Bernhardi

5

NOVEMBER

Bestimmte Quellen
können wir nur erschließen,
wenn wir allein sind.

Anne Morrow Lindbergh

6

NOVEMBER

Phantasie macht den
Menschen überempfindlich,
verletzbar und ausgeliefert.

Marlen Haushofer

7
NOVEMBER

Der Zweifel ist das
Wartezimmer der Erkenntnis.

Eleonore Rozanek

8

NOVEMBER

Durch größere
Empfänglichkeit und Ehrfurcht
vor der Persönlichkeit
des anderen entdeckt man
in ihm oft mehr,
als man erwartet hat.

Ellen Key

9
NOVEMBER

In einem Meer von Schmerz
ertrinken die einen, die
anderen lernen
darin schwimmen.

Kyrilla Spiecker

10

NOVEMBER

Die Wahrheit verletzt tiefer als jede Verleumdung.

Marquis de Sade

11

NOVEMBER

Das Alter hat keine Zukunft; der nächste Tag sei dein Ziel.

Lisa Wenger

12
NOVEMBER

Wenn du dein Gesicht
verlierst, mach weiter;
verlierst du den Kopf,
hör auf.

Madeleine Delbrêl

Solange du nicht Frieden
machst mit der Person,
die du bist, wirst du niemals
zufrieden sein mit dem,
was du hast.

Doris Mortman

14

NOVEMBER

Die Verleumdung breitet
sich aus wie ein Ölfleck.
Man versucht ihn
wegzuwischen,
aber die Spur bleibt.

Julie Jeanne de Lespinasse

15

NOVEMBER

Ein Ratgeber, der sucht,
uns zu dem zu verhelfen,
was er ist,
statt in uns zu entwickeln,
was wir sind,
kann unser Verderben sein.

Sully Prudhomme

16

NOVEMBER

Die Vernunft zieht stets den Kürzeren im Kampf mit den leidenschaftlichen Gefühlen.

Germaine de Staël

17

NOVEMBER

Misstraue deinem Urteil
über die, die sich
deiner Wertschätzung
nicht erfreuen.

Madeleine Delbrêl

18

NOVEMBER

Wenn wir uns auf uns
selbst besinnen,
stellen wir fest,
dass wir genau das besitzen,
was wir uns wünschen.

Simone Weil

Im Verzeihen des Unverzeihlichen kommt der Mensch der göttlichen Liebe am nächsten.

Gertrud von Le Fort

20

NOVEMBER

Unwissenheit schützt
vor Glaubensverlust.

Elisabeth Hablé

21
NOVEMBER

Der Undank darf uns nicht hindern, Gutes zu tun.

Christine von Schweden

22
NOVEMBER

Nichts beruhigt den Geist
so sehr wie ein festes Ziel.

Mary Wollstonecraft

23

NOVEMBER

Treue ist erst ein Problem,
wenn man nicht mehr liebt.

Esther Vilar

24

NOVEMBER

Es gibt so seltene Momente,
wo man so
bis ins tiefste Tief hinein
empfindet.

Franziska Gräfin zu Reventlow

25

NOVEMBER

Leicht lassen wir uns
von Dingen überzeugen,
die uns Freude machen.

Madeleine de Fontaine

26
NOVEMBER

Nirgends bist du
so allein mit Gott
wie tief im Schmerz.

Margarete Seemann

Es gibt keine edlere Rache,
als den Feinden wohlzutun.

Gertrud von Le Fort

28

NOVEMBER

Wenige Leute haben
Mut genug, unangenehme
Ratschläge zu geben.

Christine von Schweden

29
NOVEMBER

Geist schärft sich im Kampf – Talent dagegen hat Vertrauen nötig.

Germaine de Staël

30

NOVEMBER

Eine gewisse Gleichgültigkeit gegen äußeren Mangel ist das Zeichen starken Lebens und tiefen Lebensvertrauens.

Luise Rinser

1
DEZEMBER

Die besten und schönsten Dinge auf der Welt kann man weder sehen noch anfassen. Man muss sie mit dem Herzen fühlen.

Helen Keller

2

DEZEMBER

Gute Taten werden
hauptsächlich von Männern
gepredigt und
von Frauen getan.

Lady Astor

3
DEZEMBER

Nichts erweitert so den Horizont, schenkt so viel Selbstvertrauen wie Erfahrung!

Sylvia Plath

4

DEZEMBER

Leute, denen unsere Trauer
nicht nahegeht,
verzeihen uns selten die
Langeweile, die wir
ihnen damit bereiten.

Marie Jeanne de Riccoboni

5

DEZEMBER

Der Schmerz ist für eine tiefe Seele wie ein Stein, der in einen Brunnen fällt; er wird nie mehr herausgehoben.

Eleonore van der Straten-Sternberg

6
DEZEMBER

Nur mit Hoffnung kann man das Leben ertragen.

Lydia D.

7

DEZEMBER

Leichtsinn ist die Kurzsichtigkeit der Seele.

Margarete Seemann

8

DEZEMBER

Die Gelassenheit ist eine anmutige Form des Selbstbewusstseins.

Marie von Ebner-Eschenbach

9

DEZEMBER

Es ist unerträglich,
diejenigen hochzuschätzen,
die es nicht verdienen.

Christine von Schweden

10

DEZEMBER

Nichts verschafft einem
so schnell Achtung,
wie wenn man seine
Mitmenschen wissen lässt,
dass man ihnen
gewachsen ist.

Vita Sackville-West

11

DEZEMBER

Herr, es ist Advent. Hilf mir zur Freude und zum Stillesein in aller Hetze, in allem Lärm, in allem, was zu bewältigen mir unmöglich ist.

Elsi Schindler

12

DEZEMBER

Man darf weder
im Zorn strafen noch in
der Freude belohnen.

Christine von Schweden

13

DEZEMBER

Man versäumt immer nur sich selbst!

Ilse Aichinger

14

DEZEMBER

Die Menschen sind heute
nicht schlechter
als eh und je.
Aber heute ist es gefährlicher,
nicht besser zu sein.

Birgit Berg

15

DEZEMBER

Hoch steht
über aller Begeisterung,
über allem Enthusiasmus,
selbst über allem Genie
und Talent – die Gesinnung.

Rahel Varnhagen

16

DEZEMBER

Wer die Wahrheit sucht, der sucht Gott, ob es ihm klar ist oder nicht.

Edith Stein

17

DEZEMBER

Vielleicht will,
was ich nicht ändern kann,
mich ändern.

Kyrilla Spiecker

18

DEZEMBER

Es gehört auch zur
Lebensklugheit,
dass wir uns nicht
dauernd mit den Menschen
vergleichen, die glücklicher
sind als wir.

Sigrid Undset

19

DEZEMBER

Glücklichsein ist etwas ganz anderes als Erfolg- oder Glück-Haben.
Es besteht aus glücklichen Augenblicken, in denen das Herz einem Menschen oder einer Sache zulächelt.

Julija Voznesenskaja

20

DEZEMBER

Toleranz ist manchmal Feigheit, aber Intoleranz deswegen noch kein Zeichen von Mut.

Gerlind Fischer-Diehl

21
DEZEMBER

Schwachheit ist
das größte Unglück und
der größte Fehler.

Christine von Schweden

22
DEZEMBER

Nur der Glaube kann halten, was die Hoffnung verspricht.

Adrienne von Speyr

23

DEZEMBER

Einem jeden Menschen
gib seinen Frieden,
wenn du es vermagst,
ohne dich selbst zu
erniedrigen.

Hadewijch

24

DEZEMBER

Die Bäume, die Blumen,
die Kräuter, sie wachsen
in der Stille. Die Sterne,
die Sonne, der Mond,
sie bewegen sich in der Stille.
Die Stille gibt uns eine neue
Sicht der Dinge.

Mutter Teresa

25

DEZEMBER

Wo du Liebe verteilst,
wo du Hilfe schenkst,
wo du Einsamkeit
überbrückst,
bist du Gott näher,
als du denkst.

Rosemarie Schrott-Bingel

26

DEZEMBER

Alles, was wir
brauchen, ist tief in uns
verborgen und wartet darauf,
sich zu entfalten.
Wir müssen nichts tun,
außer still werden
und uns Zeit nehmen,
um nach dem zu suchen,
was wir in uns tragen.

Eileen Caddy

27
DEZEMBER

Nur wenn du
das Schweigen kennst,
wirst du das Reden lernen;
was du zu sagen hast,
kann nur im Schweigen
reifen.

Adrienne von Speyr

28

DEZEMBER

Wenn niemand uns liebt,
hören wir auf, uns selbst
zu lieben.

Germaine de Staël

29
DEZEMBER

Wenn eintrifft,
was man wünscht,
hat es doch nie den Glanz,
den man sich vorgestellt hat.

Karin Hardt

30
DEZEMBER

Die schlimmen Worte wirken meist rascher als die guten; die guten aber manchmal doch nachhaltiger.

Adrienne von Speyr

31

DEZEMBER

Es liegt an uns,
ob alles bleibt, wie's ist.
Es liegt an uns,
ob sich was ändert
in der Welt von heute.

Hannelore Frank

Mein Wunsch für Dich

Ich wünsche dir Augen,
die die kleinen Dinge des Alltags
wahrnehmen und ins rechte Licht rücken;
ich wünsche dir Ohren,
die die feinen Schwingungen und Untertöne
im Gespräch mit anderen aufnehmen;
ich wünsche dir Hände,
die nicht lange überlegen,
ob sie helfen und gut sein sollen;
ich wünsche dir zur rechten Zeit
das richtige Wort;
ich wünsche dir ein liebendes Herz,
von dem du dich leiten lässt.

Ich wünsche dir:
Freude,
Liebe,
Glück;
Zuversicht, Gelassenheit, Demut;
ich wünsche dir Güte –
Eigenschaften,
die dich werden lassen, was du bist
und immer wieder werden willst –
jeden Tag ein wenig mehr.
Ich wünsche dir genügend Erholung
und ausreichend Schlaf,
Arbeit, die Freude macht,

Menschen, die dich mögen
und dich bejahen
und dir Mut machen;
Menschen, die Dich bestätigen,
aber auch Menschen,
die dich anregen,
die dir Vorbild sein können,
die dir weiterhelfen,
wenn du traurig bist,
müde und erschöpft.
Ich wünsche dir
viele gute Gedanken und ein Herz,
das überströmt vor Freude
und diese Freude weiterschenkt.